TIME FOR KIDS

# DEMONIOS DE LA PROFUNDIDAD

Timothy J. Bradley

## Consultores

**Timothy Rasinski, Ph.D.**
Kent State University

**Lori Oczkus**
Consultora de alfabetización

**William B. Rice**
Autor de Ciencias Naturales
y consultor



**Basado en** textos extraídos de *TIME For Kids. TIME For Kids* y el logotipo de *TIME For Kids* son marcas registradas de TIME Inc. Utilizados bajo licencia.

### Créditos de publicación

Dona Herweck Rice, *Jefa de redacción*
Conni Medina, *Directora editorial*
Lee Aucoin, *Directora creativa*
Jamey Acosta, *Editora principal*
Lexa Hoang, *Diseñadora*
Stephanie Reid, *Editora de fotografía*
Rane Anderson, *Autora colaboradora*
Rachelle Cracchiolo, *M.S.Ed., Editora comercial*

**Créditos de imágenes:** págs. 40, 41 (centro) Alamy; pág. 41 (arriba) The Bridgeman Art Library; págs.11 (abajo), 21 Corbis; pág. 39 Deep Sea Photography; págs. 19 (arriba), 31 Getty Images; pág. 41 LOC [LC-USZ62-65466]; pág. 14 The Monterey Bay Aquarium Research Institute (MBARI); pág.16 AFP/Getty Images/Newscom; pág 27 Newscom; pág 32 dpa/picture-alliance/ Newscom; pág. 51 (arriba) KRT/Newscom; págs. 24, 37, 38 Reuters/Newscom; pág. 53 (abajo) ZUMA Press/Newscom; págs. 30, 43, 51 Norbert Wu/Minden Pictures/National Geographic Stock; págs 6–7, 18–19, 28–29, 33, 42, 44–45, 48–49, 52–53 NOAA; págs 8–9 Bruce Rasner/ Rotman/Nature Photo Library; pág. 12 David Shale/Nature Photo Library; págs.11 (arriba), 19 (abajo), 26 (abajo), 28-29, 52-53 (centro), 56 Photo Researchers Inc.; págs. 36 (ilustración), 47 (abajo) Thinkstock; pág. 48 Kmusser/Wikimedia; pág. 10 (abajo) Carl Chun/Wikipedia; págs. 22–23, 34–35, 39 (ilustración), 46-47 (ilustraciones), 55, 55 (ilustraciones) Timothy J. Bradley; Todas las demás imágenes son de Shutterstock.

**Teacher Created Materials**
5301 Oceanus Drive
Huntington Beach, CA 92649-1030
http://www.tcmpub.com

**ISBN 978-1-4333-7129-5**

# Tabla de contenido

# Profundidades mortales

Ponte el traje de buceo y salta, pero estás advertido, ¡el peligro te espera! Los **depredadores** están al acecho en las aguas heladas y oscuras, esperando para poder cazar un bocado sabroso. Y cuanto más bajes, más difícil será verlos. La luz del sol no puede llegar a esas profundidades frías. Al no haber luz solar no hay vida vegetal. Estas criaturas marinas tienen que buscar otras cosas para comer. Las **adaptaciones** ayudan a estos demonios de las profundidades a prosperar en condiciones muy duras. Pueden parecernos extrañas, pero para ellos son la única manera de sobrevivir. En las profundidades mortales es una cuestión de vida o muerte.

## PARA PENSAR

- ➔ ¿Por qué los humanos deberíamos explorar las capas más profundas del mar?
- ➔ ¿A qué peligros se enfrentan las criaturas marinas en las capas más profundas del océano?
- ➔ ¿Qué tipo de adaptaciones les ayudan a sobrevivir?

# Zona crepuscular

Los océanos de la Tierra cubren el 71 por ciento del planeta, pero solo una pequeña parte de estas aguas ha sido explorada. La mayoría de lo que sabemos sobre los océanos proviene del estudio de las áreas más cercanas a la superficie. Esto incluye partes de la **zona crepuscular**. Empieza a 660 pies por debajo de la superficie. El agua es tan oscura como el cielo de la tarde cuando se pone el sol. A esta profundidad, no hay suficiente luz para la **fotosíntesis**, por lo que las plantas escasean. La comida es difícil de encontrar. Las adaptaciones especiales ayudan a los peces a cazar en este nivel. Algunos animales nadan hasta la superficie para alimentarse por la noche. Otros esperan a que los alimentos caigan desde arriba. Y algunos se comen los unos a los otros.

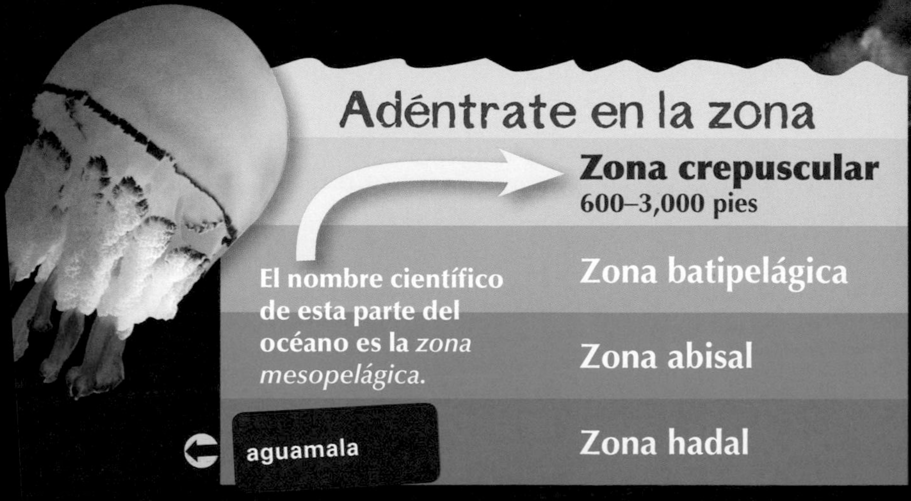

## Adéntrate en la zona

**Zona crepuscular**
600–3,000 pies

**Zona batipelágica**

**Zona abisal**

**Zona hadal**

**El nombre científico de esta parte del océano es la *zona mesopelágica.***

aguamala

## La vida en la oscuridad

El fondo del mar es uno de los lugares más hostiles en la Tierra para vivir. Pero es el hogar de una increíble variedad de vida. Los científicos han descubierto más de 16,000 especies que viven en las profundidades del océano. Estas criaturas viven toda su vida sin ver la luz del sol.

# *El tiburón de boca ancha*

Con un peso de aproximadamente 1,500 libras, los tiburones de boca ancha son unos de los tiburones más grandes en el océano, pero se alimentan de los **organismos** más pequeños. Toman grandes tragos de agua y los empujan por sus branquias. Los organismos diminutos como el **plancton** son capturados por los **peines branquiales**. Filtran el alimento para poder tragarlo. Por eso se les conoce como **filtradores**.

La boca de cuatro pies de ancho está rodeada por **fotóforos** que producen luz. Esta luz atrae al plancton. Los científicos creen que los tiburones de boca ancha pasan el día en aguas profundas, de 400 a 660 pies de profundidad. Por la noche migran más cerca de la superficie para comer plancton.

## Filtradores

Muchas criaturas sobreviven filtrando el alimento. Existen varios tipos de ballenas que son animales filtradores. Las mantarrayas son animales filtradores también. Sin embargo, no todos los filtradores viven en el agua. El flamenco, un ave grande, también es un filtrador de alimento.

## Bufé libre

El plancton es una fuente de alimento estupenda ya que hay mucho en el océano. Se compone de pequeñas criaturas, enormes en número.

**plancton ampliado cerca de 100 veces su tamaño natural**

**tiburón de boca ancha**

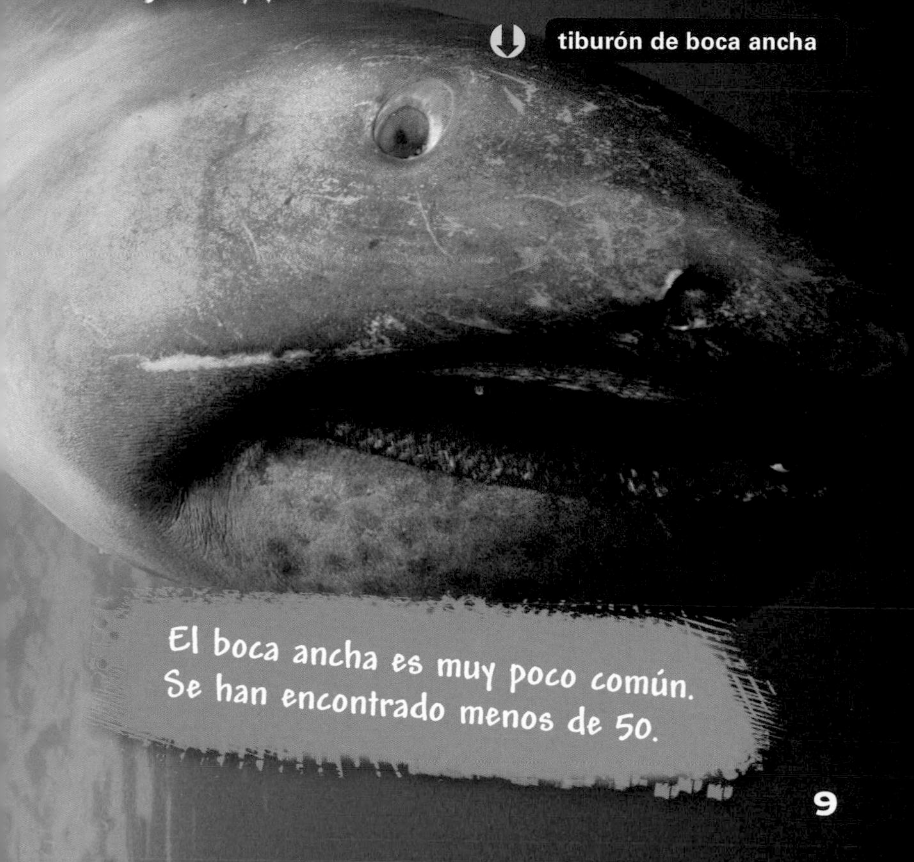

El boca ancha es muy poco común. Se han encontrado menos de 50.

# *Los colores del océano*

Está oscuro el profundo mar azul. Casi el 90 por ciento de las criaturas de las aguas profundas son **bioluminiscentes**. Hacen su propia luz. Las luces verdes y azules son los colores más comunes porque estos colores se ven fácilmente en el agua del mar. La bioluminiscencia sirve para diferentes propósitos a las diferentes criaturas marinas.

rape

La luz puede ser utilizada para atraer el alimento. Al igual que las aves, algunos animales bajo el agua son atraídos por cualquier cosa brillante.

Y otros pueden usar la luz de la misma manera que un calamar utiliza la tinta. La luz puede confundir o asustar a los depredadores. El animal puede escapar en una estela de luz.

calamar vampiro

## ¡Luces!

Muchas formas de vida en las profundidades del océano tienen **fotóforos** que producen luz. Pueden utilizarlos para atraer a la **presa** o para hacerles señales a otros. La luz puede que se produzca por sustancias químicas en los alimentos de la criatura o por células especiales que pueden producir luz. Algunos organismos tienen bacterias que brillan y viven dentro de ellos.

calamar de cristal

calamar joya

Algunas criaturas usan la luz como **camuflaje**. Esto puede proteger a estos animales de los depredadores.

# El calamar joya

El calamar joya se encuentra a una profundidad de 1,500 pies, busca a sus presas en las aguas oscuras y frías del océano Atlántico norte. Se llama así por su piel **translúcida**. En su interior hay cientos de órganos bioluminiscentes. La luz ayuda a ocultar la sombra del calamar en la tenue luz del océano.

Los ojos del calamar joya le permiten ver de dos maneras. Un ojo es normal y mira hacia abajo, en busca de depredadores. El otro es mucho más grande y puede ver más detalles en la oscuridad.

## Velocidad de escape

Algunos calamares pueden lanzarse fuera del agua para escapar de un depredador empujando el agua rápidamente. Un calamar puede volar más de 150 pies en el aire una vez que cruza la superficie del agua.

calamar joya

## Sabelotodos

Se cree que los **cefalópodos,** al igual que los calamares y los pulpos, son los **invertebrados** más inteligentes.

## Una cuestión de brazos

¿Cuál es la diferencia entre un pulpo, un calamar y un nautilo? ¡Los brazos!

# El calamar vampiro

Este pequeño calamar de color rojo intenso se puede encontrar a 3,000 pies bajo la superficie. No hay luz a esta profundidad y hay muy poco oxígeno. Una piel delgada conecta los **tentáculos** del calamar vampiro. Tiene espinas flexibles alineadas en la parte inferior. Cuando está en peligro, el calamar se vuelve del revés, cubre su cabeza y se esconde, utilizando sus brazos como capa. A diferencia de otros calamares, el vampiro no utiliza bolsas de tinta para distraer a los depredadores. En su lugar, dispara una nube de moco brillante para escapar.

## ¿Baño de sangre?

Algunos animales tienen merecido su título de vampiro porque consumen sangre. El calamar vampiro no bebe sangre. Su color oscuro, su "capa" hecha de tentáculos y sus ojos espeluznantes son los que le han valido el nombre.

El calamar vampiro puede cambiar el tamaño de las manchas de su ojo para confundir a los depredadores. El empequeñecimiento de las manchas hace que parezca que el calamar está escapando.

Esta foto de un calamar vampiro fue tomada por un gran robot submarino del Monterey Bay Aquarium Research Institute en California.

# Una década de descubrimiento

El planeta Marte se ha explorado más que los océanos de la Tierra. Se necesita una gran cantidad de fondos para explorar áreas **ignotas** como el espacio. Los océanos de la Tierra también son un área ignota. Los océanos profundos y oscuros de nuestro planeta son enormes. Hay un montón de mar para cubrir y no el dinero suficiente para explorar todo.

crustáceo ampliado

## Fase 2

En el año 2000 científicos de todo el mundo unieron sus fuerzas. Crearon el *Census of Marine Life*. El *Census* ayudó a los científicos a hacer un inventario de las criaturas marinas. En el futuro pueden utilizar esta información para hacer comparaciones. Si ciertas criaturas se mudan a aguas más frías, los científicos se darán cuenta y podrán realizar un estudio para saber por qué.

Gran parte de la vida marina sigue siendo un misterio. El 90 por ciento de la información que sabemos sobre el océano se recoge a más de 330 pies de profundidad. Pero el océano tiene más de dos millas de profundidad. ¡Todavía hay mucho por descubrir!

# Características del *Census*

El *Census* recibió $650 millones en como financiamiento para explorar los océanos. El objetivo era responder a tres preguntas: ¿Qué solía vivir en los océanos? ¿Qué vive en los océanos ahora? ¿Y qué vivirá en los océanos en el futuro? Las preguntas parecen sencillas, pero encontrar las respuestas no lo fue. Llevar a cabo la investigación les llevó a 2,700 científicos 10 años, y todavía están descubriendo más cosas.

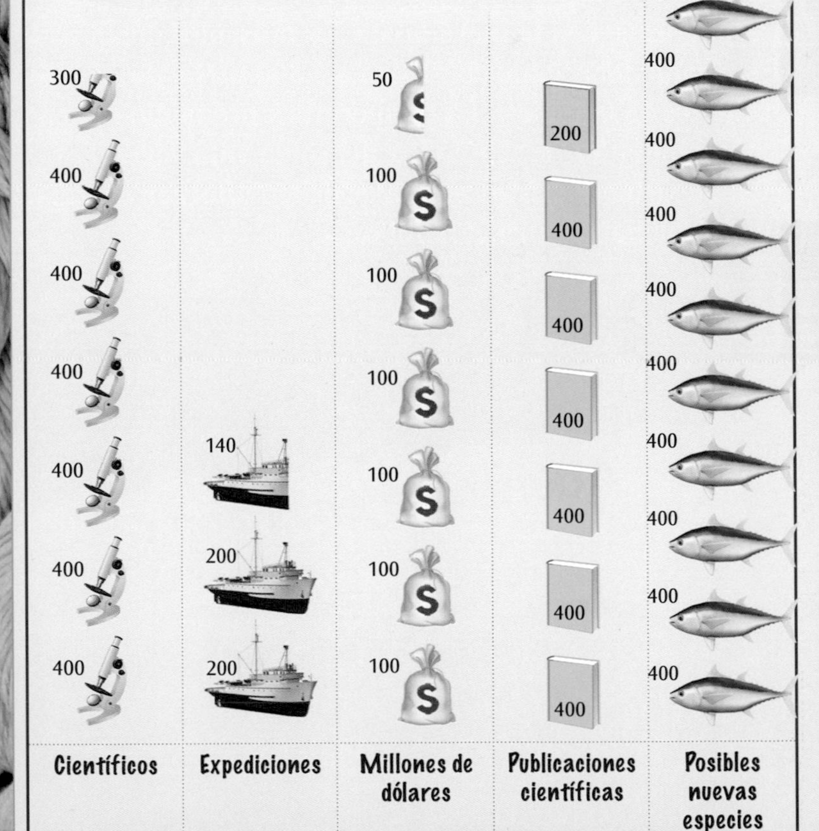

# Zona batipelágica

La luz del sol nunca llega a estas aguas. Están tan oscuras como una noche sin luna. Es por eso que se llaman *midnight zone* en inglés, en español **zona batipelágica**. La única luz que llega hasta aquí abajo viene de las criaturas que viven aquí. Muchas criaturas que viven a esta profundidad no tienen ojos. Sin luz, no hay nada que ver. No hay muchos depredadores en esta zona del océano, por lo que los peces son resbaladizos, con la piel suave y los músculos débiles. Esta capa del océano comienza a 3,300 pies y desciende hasta los 13,000 pies. La temperatura promedio es de unos gélidos 39 °F. Sin la luz del sol la vida vegetal es casi inexistente. Estos animales deben **ahorrar** energía, ya que luchan contra el hambre.

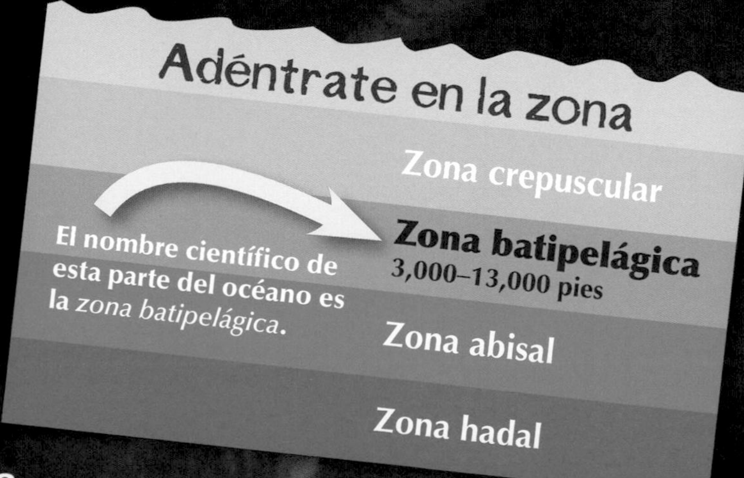

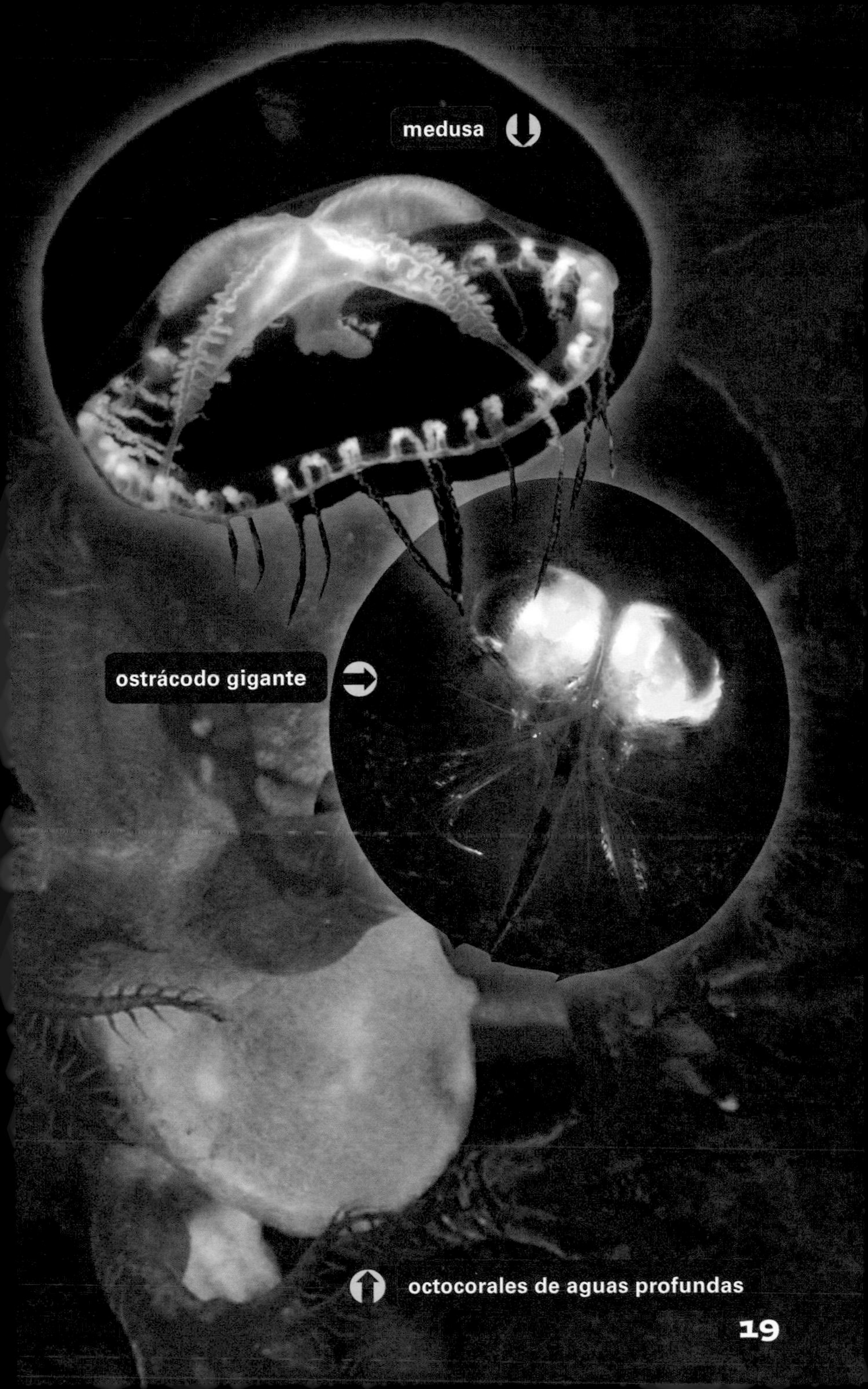

medusa

ostrácodo gigante

octocorales de aguas profundas

# Tiburón duende rosado

Aunque la mayoría de los tiburones tienen la piel de color gris o marrón, el tiburón duende rosado es de color rosa claro. Los científicos creen que el color rosa puede ser el resultado de la sangre que se encuentra cerca de la superficie de la piel translúcida del tiburón.

El tiburón duende rosado tiene un hocico largo y plano. Su boca está llena de dientes pequeños y afilados. Agarra a su presa abriendo sus fauces desde abajo de su hocico. Con este ataque sorpresa un tiburón duende rosado puede agarrar y no soltar hasta hartarse.

## ¿Devoradores de hombres?

A pesar de tener la reputación de ser máquinas de matar, los tiburones no son una gran amenaza para los humanos. De los más de 360 tipos de tiburones, se cree que sólo 4 son peligrosos. El gran tiburón blanco, la lamia, el tiburón tigre y el tiburón oceánico son conocidos por atacar a los humanos.

tiburón tigre

Los tiburones deben nadar constantemente o se hunden.

tiburón duende rosado
Se piensa que el tiburón duende rosado tiene un aspecto muy similar al de los tiburones antiguos de hace millones de años.

# Bajo presión

Aprieta los puños. La sensación que se acumula en el centro de las palmas es la presión. La presión que sientes es similar a la presión bajo el agua. Pero la presión bajo

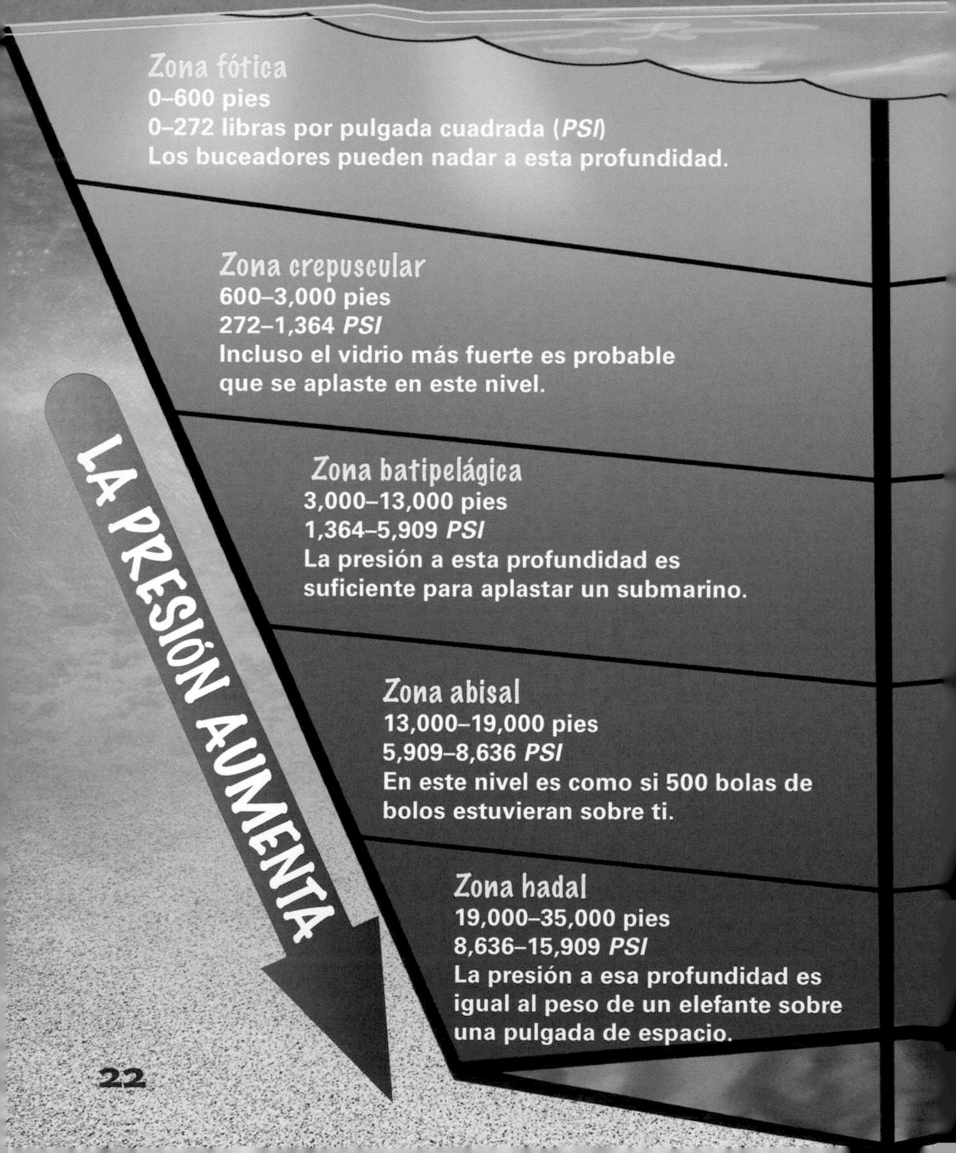

**Zona fótica**
**0–600 pies**
**0–272 libras por pulgada cuadrada (*PSI*)**
**Los buceadores pueden nadar a esta profundidad.**

**Zona crepuscular**
**600–3,000 pies**
**272–1,364 *PSI***
**Incluso el vidrio más fuerte es probable que se aplaste en este nivel.**

**Zona batipelágica**
**3,000–13,000 pies**
**1,364–5,909 *PSI***
**La presión a esta profundidad es suficiente para aplastar un submarino.**

**Zona abisal**
**13,000–19,000 pies**
**5,909–8,636 *PSI***
**En este nivel es como si 500 bolas de bolos estuvieran sobre ti.**

**Zona hadal**
**19,000–35,000 pies**
**8,636–15,909 *PSI***
**La presión a esa profundidad es igual al peso de un elefante sobre una pulgada de espacio.**

LA PRESIÓN AUMENTA

el agua es mucho más intensa que la sensación que has creado con sus manos. Y cuanto más bajes en el agua, más fuerte será la presión.

## ¡ALTO! PIENSA...

- Aplica la fórmula. ¿Cuál es el nivel de *PSI* a una profundidad de 15,000 pies?
- ¿Aumenta la presión a una velocidad constante según descienden las criaturas?
- ¿Cuáles crees que son las mejores maneras para que los científicos estudien a los animales de aguas profundas?

$$PSI = \frac{\text{profundidad} \times 15}{33}$$

*PSI* = libras de presión por pulgada cuadrada (aproximadamente el tamaño de este cuadro)

# *El tiburón anguila*

Este tiburón de aguas profundas tiene un cuerpo largo y gris. Atrapa a su presa con una embestida con su cabeza como la de una serpiente. La mayoría de los tiburones tienen mandíbulas debajo del hocico, pero el tiburón anguila tiene las fauces en la parte delantera de su cabeza. Hacen que la cabeza parezca una boca gigantesca. Tiene trescientos dientes pequeños y afilados en sus mandíbulas, ideales para sujetar calamares resbaladizos. Sus hendiduras branquiales son desiguales y con flecos, que le dan al tiburón anguila su nombre.

## La conservación de los tiburones

Los tiburones están en peligro de **extinción** a causa de las prácticas de pesca de los humanos. Sin cambios en las prácticas de pesca algunos tiburones desaparecerán para siempre.

Cada uno de los dientes del tiburón anguila tiene tres puntas, para tener tres veces más de potencia masticadora.

tiburón anguila

Los tiburones han existido en la Tierra desde hace más de 400 millones de años.

# El chile de las profundidades

Este **voraz** depredador se puede encontrar en el fondo del océano a profundidades de más de 5,000 pies. El chile no es muy grande, pero lo que le falta en tamaño, lo compensa con su ferocidad.

El chile vive en suelo marino arenoso. Su color le ayuda a armonizarse con su entorno por lo que puede sorprender a cualquier desafortunada presa que se acerque demasiado. Tiene el cuerpo largo y redondeado y la cabeza plana, que se parece a la de un lagarto. Su boca está llena de dientes afilados y curvados. Incluso tiene dientes en la lengua.

## Oculto a simple vista

El chile se camufla para esconderse. Esta coloración permite a los organismos armonizarse con el entorno. Algunas criaturas pueden cambiar de color para que coincida con el de la zona en la que están.

## Trampa de dientes

Al igual que el chile, las serpientes tienen dientes que se curvan hacia dentro. Ayudan a impedir que la presa se escape ya que la única manera de moverse es hacia adelante, metiéndose en la garganta de la serpiente.

¡MÁS EN PROFUNDIDAD!

## Aguas ignotas

Durante miles de años la gente no tenía forma de explorar las partes más profundas del océano. Los submarinos y los trajes de buceo nos dieron nuestro primer vistazo de la vida marina en aguas profundas. Hoy en día hay una serie de herramientas que nos ayudan a conocer más acerca de la vida submarina.

traje de buzo de rescate

**Con equipo de buceo especial podemos ir a cientos de pies bajo la superficie. Puede ser peligroso, pero permite que la investigación se lleve a cabo durante varias horas cada vez.**

Las embarcaciones marinas son herramientas vitales para la exploración. Utilizan sensores para obtener información sobre el océano. Pueden enviar buzos y equipo tecnológico al agua. También pueden recuperarlos.

El sonar se utiliza para detectar y localizar objetos bajo el agua. Se envían ondas de sonido desde un buque y rebotan en otros objetos. Entonces, se mide la distancia entre los dos.

Los sumergibles nos llevan al fondo del mar. Nos dan la oportunidad de observar y recoger muestras de primera mano sin tener que mojarnos o ser aplastados por la intensa presión.

# *El rape*

Este pez de aguas profundas se lleva el premio al más escalofriante. El rape tiene los dientes largos, curvados y en forma de aguja. Las hembras tienen una larga espina que crece fuera y por encima de sus cabezas. Al final de la espina se encuentra una bola brillante de carne. Este crecimiento extraño actúa como un cebo en un sedal, atrayendo a sus presas. Cuando la presa está lo suficientemente cerca, el rape ataca. Abre su boca y traga. Sus quijadas y su estómago son elásticos, lo que le permite al rape devorar peces del doble de su tamaño.

El rape hembra es mucho más grande que el macho. Los machos deben encontrar una hembra para sobrevivir. Cuando lo hacen, se agarran de un mordisco. El macho **se fusiona** con la hembra y obtiene nutrientes de ella. Poco a poco, se reduce a una fracción de su tamaño original.

## ¡Le pillé!

El rape es un **depredador al acecho**. Ahorra energía atrayendo a su presa con su señuelo de luz. Entonces, sorprende a la presa con un mordisco mortal. La caza mediante el acecho es un método de caza de probada calidad. Animales como los leones y las arañas terafosas también son cazadores al acecho.

hembra con dos machos en la espalda

Angler es un término para una persona a la que le gusta el pescado. Un anglerfish (rape) es un pez al que le gusta pescar peces.

# *El isópodo gigante*

Este **crustáceo** de pesadilla puede parecer un bicho, pero que está emparentado con los camarones y los cangrejos. El isópodo gigante puede crecer hasta tres pies de largo. Tiene la espalda cubierta por placas blindadas y 14 patas le ayudan a moverse. Cada pata tiene branquias que le permiten respirar. Tiene dos grandes **ojos compuestos** que hacen que parezca un extraterrestre con gafas de sol. Cuando se siente amenazado se curva en forma de bola para protegerse. El isópodo gigante es un animal **carroñero** que puede sobrevivir durante largos periodos de tiempo sin comer. A menudo se alimenta de los cuerpos de ballenas muertas.

## ¿Te ha comido la lengua el isópodo?

Un pariente del isópodo gigante ataca a los peces escalando por las branquias de los peces y metiéndose en la boca. Se alimenta de los vasos sanguíneos de la lengua de los peces. Cuando la lengua del pez se pudre, los isópodos actúan como lengua de los peces. ¡Qué rico!

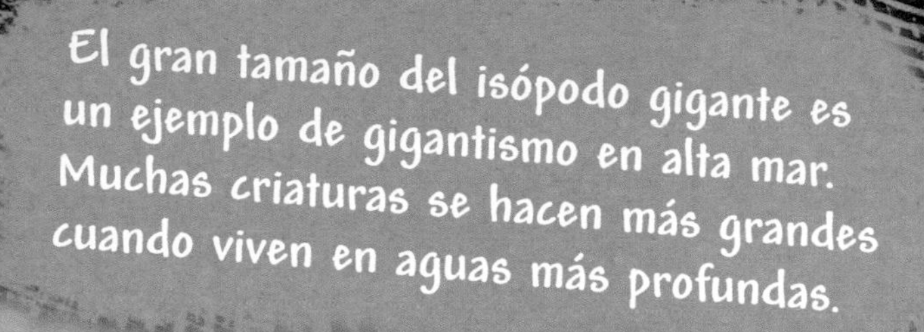


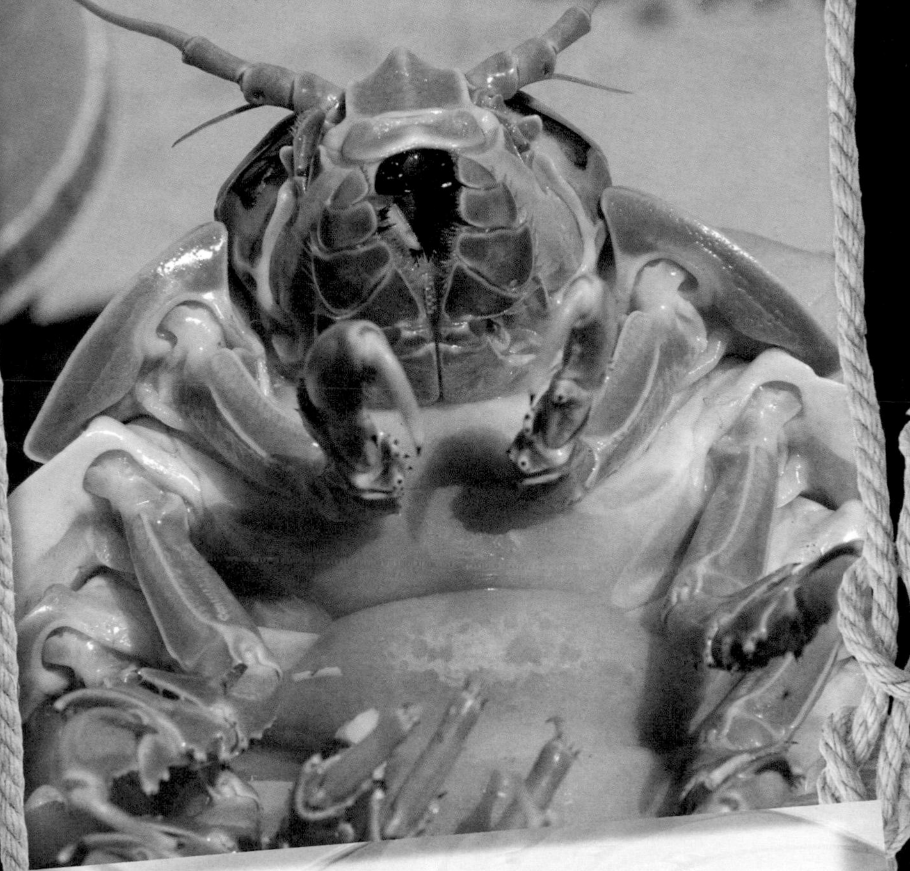

## Caza carroñera

Los carroñeros tienen un papel importante en todos los ecosistemas. Ayudan a descomponer las plantas y los animales muertos en materia simple. Algunos animales cazan de forma activa y también buscan carroña para alimentarse.

# Viaje fantástico

La gente se ha preguntado acerca de lo que hay bajo el agua durante miles de años. En 1870 cuando Jules Verne publicó *20,000 leguas de viaje submarino*, los submarinos estaban en desarrollo. Este libro marcó el comienzo de la ciencia ficción. Verne escribió sobre las aventuras a bordo del submarino *Nautilus.* Mezcló los descubrimientos científicos de su época con su propia imaginación para crear una historia fantástica pero fiel a la vida.

**Los submarinos estaban en desarrollo. Nadie los había utilizado todavía para viajes largos.**

**Al final del libro el capitán Nemo conduce su submarino al Maelstrom, un poderoso torbellino de agua situado en la costa de Noruega.**

El título *20,000 leguas de viaje submarino* se refiere a la distancia recorrida por el mundo, no a la profundidad del océano. Veinte mil leguas es lo mismo que 60,000 pies, ¡casi el doble de profundo que el océano!

En el libro, el *Nautilus* viaja por todo el mundo. Algunos de los lugares son reales, como el mar Rojo y las capas de hielo antárticas, mientras que otros eran completamente ficticios.

# El cangrejo yeti

El yeti de las montañas es una criatura mítica cubierta de pelo largo y que vive en las montañas nevadas de la India. El cangrejo yeti recibe su nombre por su color claro y el pelo largo de sus brazos. Pero este "yeti" prefiere un **hábitat** más cálido. Vive en los vapores químicos provenientes de los respiraderos de aire caliente del fondo del océano. Los científicos creen que las bacterias que viven en el pelo del cangrejo yeti eliminan las sustancias químicas tóxicas que hay en el agua.

## Viaje fantástico

El cangrejo yeti fue descubierto por los científicos en un pequeño sumergible llamado *Alvin* durante el *2010 Marine Census*. *Alvin* puede llevar a un piloto y dos pasajeros. Puede sumergirse a una profundidad de 14,764 pies.

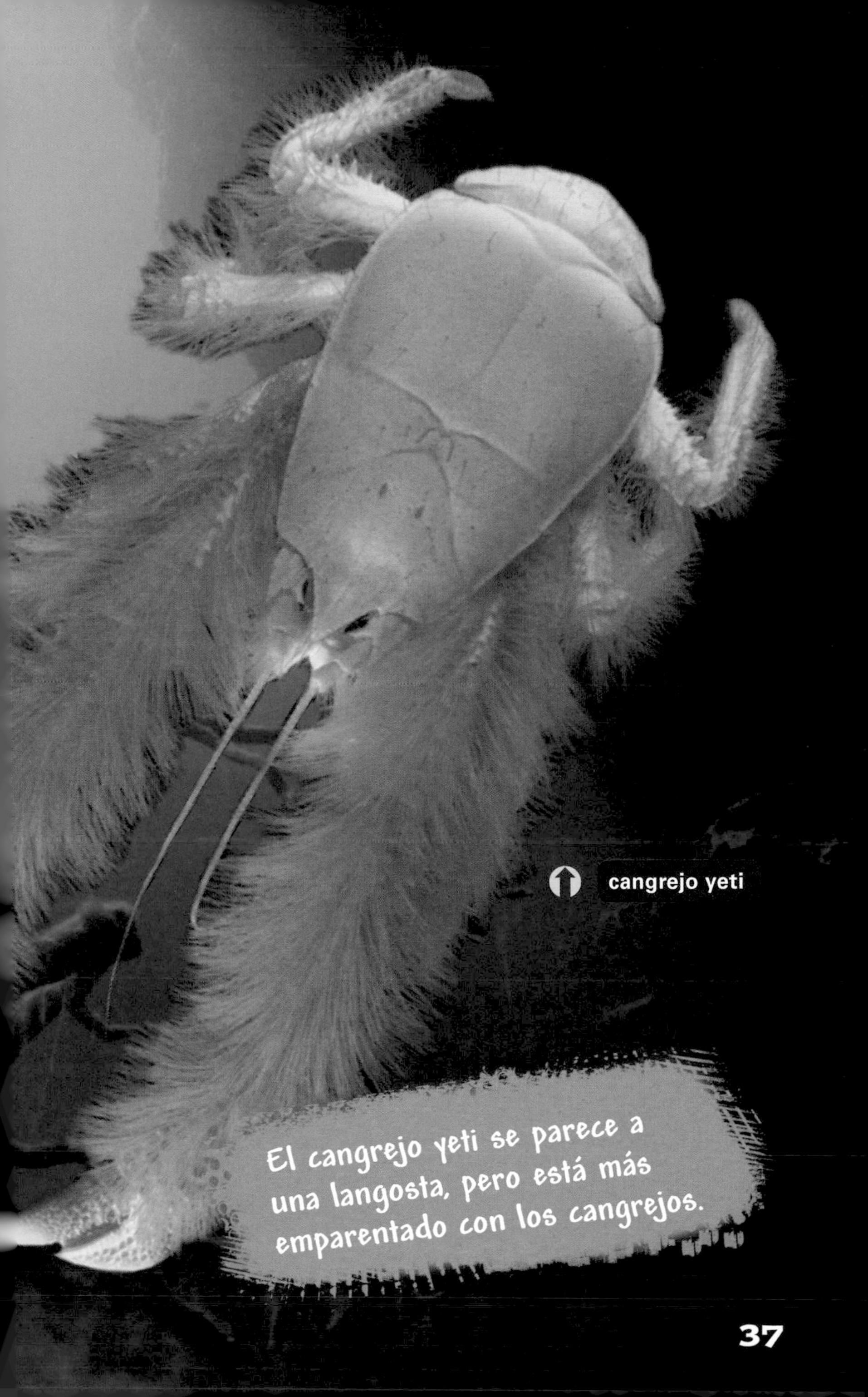

cangrejo yeti

El cangrejo yeti se parece a una langosta, pero está más emparentado con los cangrejos.

# *El calamar colosal*

Hace tiempo, los científicos estaban entusiasmados con el calamar *gigante*, pero eso ya son noticias viejas. Hay un calamar aún más grande que cruza las profundas aguas del océano **polar**. Se han recogido del mar pocos ejemplares del calamar *colosal*. Los científicos estiman que el calamar colosal podría alcanzar una longitud de 46 pies. Esto lo convertiría en el invertebrado más grande de la Tierra.

Con más de 10 pulgadas de diámetro, hasta sus ojos son enormes. Los tentáculos del calamar colosal están cubiertos con ganchos afilados que le ayudan a aferrarse a su presa. Su pico fuerte y afilado corta el alimento. El calamar colosal se alimenta de otros peces y calamares que viven en las profundidades del océano.

Uno de los calamares colosales más grandes fue capturado frente a la costa de la Antártida.

## Una gran comida

La vida puede parecer estupenda para el calamar colosal, pero es perseguido por un depredador que es aún más grande: el cachalote. Se han encontrado picos de calamares colosales en el interior de los estómagos de ballenas. Los cachalotes suelen tener cicatrices de tentáculos de sus batallas con calamares gigantes y colosales.

# Leyendas del mar

Las criaturas como el calamar colosal parecen sacadas de una novela de ciencia ficción. Pero son reales. ¿Qué otros animales marinos de leyenda podrían ser reales?

**En 1546 se encontró una criatura del mar frente a la costa de Dinamarca. Dicen que parecía un monje humano. Algunos dicen que la criatura era un angelote. Otros dicen que era una morsa.**

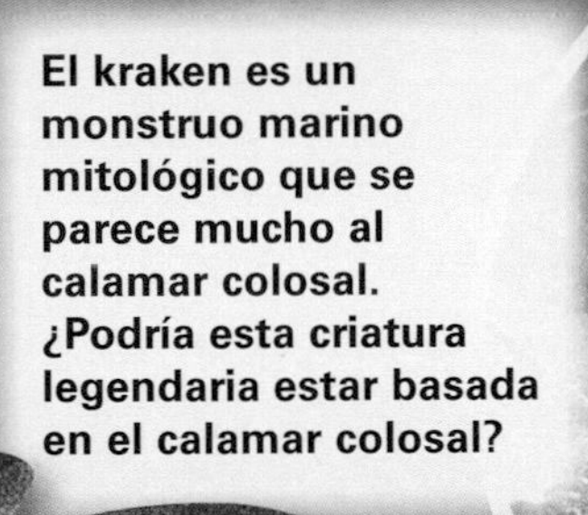

El kraken es un monstruo marino mitológico que se parece mucho al calamar colosal. ¿Podría esta criatura legendaria estar basada en el calamar colosal?

La mitología griega habla de Caribdis, un monstruo marino gigante que tragaba barcos enteros. Su gran boca es legendaria. Las historias dicen que toma tres tragos gigantes de agua del océano cada día. Un solo eructo puede formar un remolino.

El cuerpo largo y delgado del tiburón anguila puede haber sido el responsable de los testimonios de avistamientos de serpientes de mar por los marineros de entonces.

# Zona abisal

Esta zona recibe su nombre de una palabra griega que significa "sin fondo". El océano es tan profundo que es como si siguiera y siguiera y siguiera... sin final. Esta capa del océano comienza a 13,100 pies y desciende hasta los 19,700 pies. Pocas criaturas viven a esta profundidad. La presión del agua es tan intensa que puede romper huesos y el agua es muy fría. Los animales que viven en la **zona abisal** han encontrado un lugar seguro donde esconderse, pero uno de los mayores peligros es morirse de hambre. La comida es casi imposible de encontrar.

pepino de mar

La leyenda dice que besar un pepino de mar trae buena suerte.

Los animales pequeños como este son una importante fuente de alimento para las criaturas de aguas profundas.

## Adéntrate en la zona

Zona crepuscular

Zona batipelágica

El nombre científico de esta parte del océano es *zona abisopelágica*.

**Zona abisal**
13,000–19,000 pies

Zona hadal

# El pez trípode

El pez trípode puede cazar sin utilizar demasiada energía, lo cual es importante ya que la búsqueda de alimento es una búsqueda sin fin. El pez trípode nada en la **corriente** para capturar cualquier cosa que nade cerca. Los largos rayos que se extienden desde su cuerpo se utilizan como una escalera. Le permiten al pez trípode apoyarse hasta un nivel donde los camarones y otros sabrosos pedazos flotan a la deriva. También puede doblar sus aletas hacia adelante para sentir a las presas cercanas. La oscuridad del fondo del mar hace que los ojos sean inútiles, por lo que la caza por tacto es la única manera de sobrevivir.

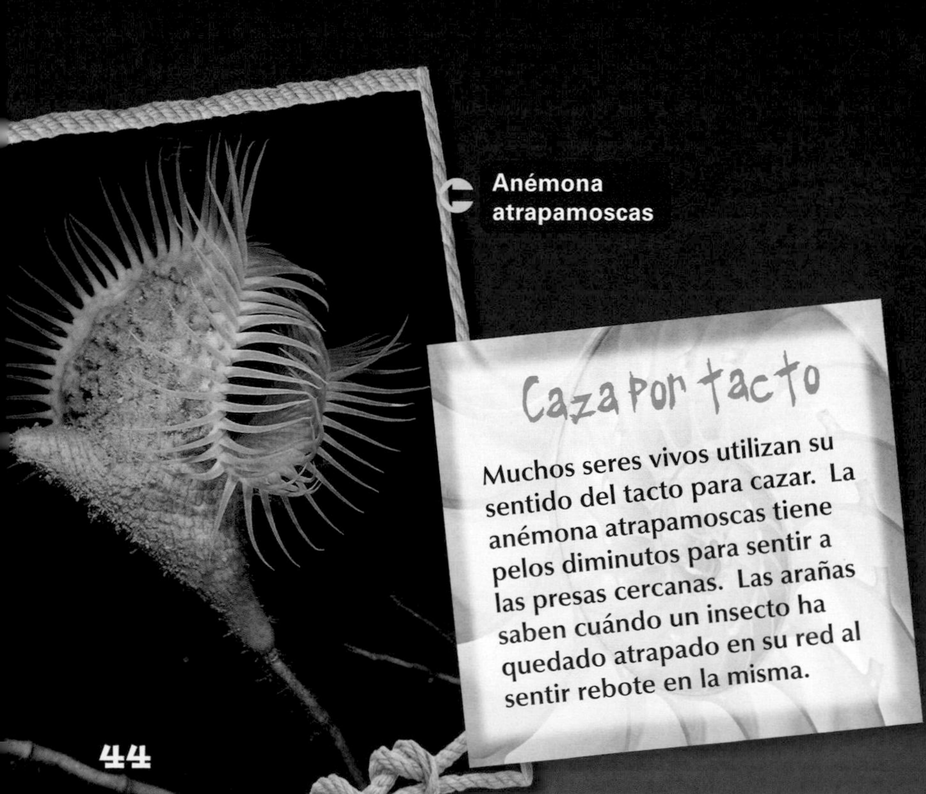

Anémona atrapamoscas

## Caza por tacto

Muchos seres vivos utilizan su sentido del tacto para cazar. La anémona atrapamoscas tiene pelos diminutos para sentir a las presas cercanas. Las arañas saben cuándo un insecto ha quedado atrapado en su red al sentir rebote en la misma.

Todos los peces trípode son tanto machos como hembras. Eso hace que sea más fácil encontrar a un compañero en el fondo del océano, donde viven pocos organismos. Incluso puede reproducirse por sí mismo.

pez trípode

## Ahorradores de energía

Puede ser difícil encontrar alimento a esas profundidades. Muchas criaturas tienen menores **metabolismos**. Se han adaptado a usar menos energía, lo que significa que necesitan menos alimento. Tienen los músculos más débiles y los huesos más ligeros. Respiran y digieren más lentamente. Algunos animales tienen bolsas de aire especiales en sus cuerpos que les ayudan a flotar en lugar de tener que nadar.

# ¡Enfrentamiento de supervivencia!

Imagina que eres una criatura de aguas profundas. Has evolucionado para sobrevivir. Pero el peligro acecha en cada ola. ¿Qué adaptaciones elegirías?

## Ojos grandes

**Los ojos son de utilidad para detectar presas y depredadores.**

**Nunca se sabe quién puede estar mirando.**

u

## Ojos inútiles

**¿Ojos? ¡Quién los necesita! Encuentra el alimento por el tacto en su lugar.**

pero

**Podrías esperar mucho tiempo para que el alimento flotase cerca de ti.**

## Dientes grandes

**Los dientes grandes y afilados son ideales para enganchar a la presa.**

**¿Qué pasa si muerde más de lo que puedes masticar?**

o

## Boca grande

**Una boca grande puede absorber grandes cantidades de agua además de lo que nade cerca de ella.**

**¿Y si la presa es fuerte y resbaladiza?**

## Bioluminiscencia

## Transparencia

La bioluminiscencia es ideal para atraer a tus presas.

También puede atraer a los depredadores.

La transparencia te mantiene oculto.

¿Cómo te va a encontrar a un compañero?

## Estómago expandible

## Metabolismo pequeño

Un estomago que se expande puede almacenar más alimento.

La digestión de una comida grande requiere mucha energía.

Un metabolismo menor requiere menos alimento.

Vas a tener problemas para hacer una escapada rápida cuando se te presente un depredador.

# Zona hadal

La **zona hadal** es el nivel más profundo del océano. El nombre está inspirado en Hades, el dios griego del inframundo. La presión del agua es de casi ocho toneladas por pulgada cuadrada. Esa presión es suficiente para hacer que los ojos se te salgan de la cabeza. Sin embargo, incluso en estas condiciones **letales**, todavía se puede encontrar vida. La zona hadal comienza a los 19,686 pies, o cerca de 4 millas de profundidad. El punto más profundo está a los 35,797 pies. ¡Eso es aproximadamente siete millas de profundidad!

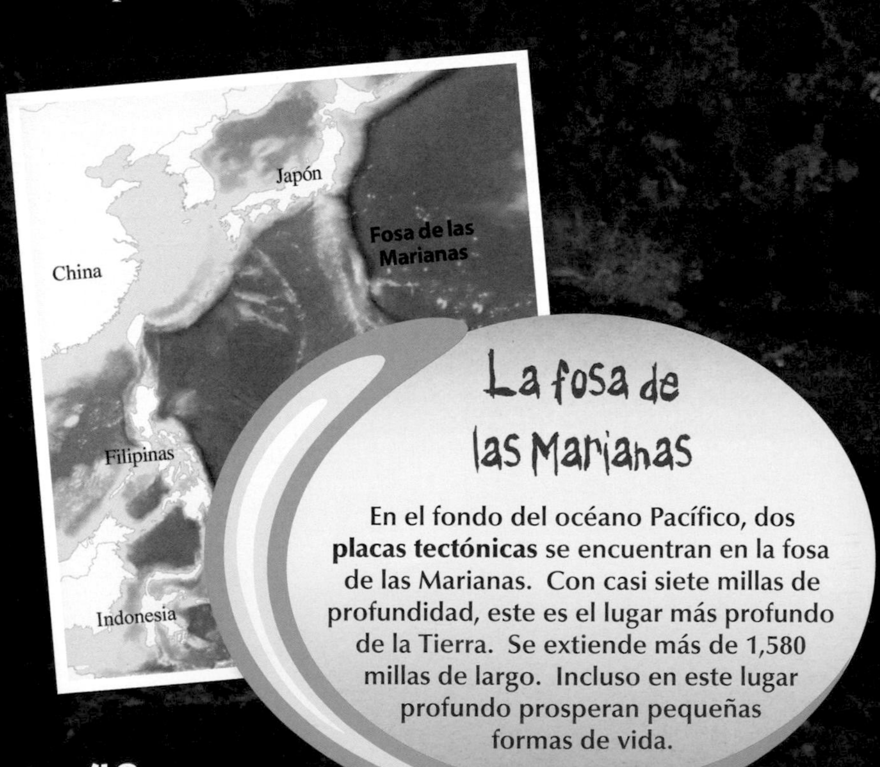


## La fosa de las Marianas

En el fondo del océano Pacífico, dos **placas tectónicas** se encuentran en la fosa de las Marianas. Con casi siete millas de profundidad, este es el lugar más profundo de la Tierra. Se extiende más de 1,580 millas de largo. Incluso en este lugar profundo prosperan pequeñas formas de vida.

## Adéntrate en la zona

Zona crepuscular

Zona batipelágica

Zona abisal

**Zona hadal**
19,000–35,000 pies

**El nombre científico de esta parte del océano es la *zona hadopelágica*.**

**una de las criaturas misteriosas que los científicos están estudiando en la fosa de las Marianas**

# *La anguila engullidora*

Con su cuerpo delgado y boca enorme, parece una anguila. Pero los científicos creen que es un pez. La anguila engullidora nada lentamente en las profundidades del océano por las corrientes con su larga cola. La engullidora tiene una boca enorme que puede tragar presas más grandes que su propio cuerpo, y su estómago elástico puede ensancharse para almacenar peces grandes e incluso calamares. Un bulbo luminoso en la cola atrae a sus presas.

## Adaptaciones antiguas

Se necesitan millones de años para desarrollar una adaptación como una boca tan grande. Con el tiempo, los peces con boca grande pueden ser capaces de comer más. Sobreviven con mayor facilidad. Estas adaptaciones se transmiten de generación en generación.

mandíbulas de ballena de Groenlandia

## ¡Bocazas!

La boca de la anguila engullidora puede ser grande en comparación con su cuerpo. Pero comparado con la boca de la ballena de Groenlandia es muy pequeña. ¡La boca gigantesca de la ballena de Groenlandia supone hasta un tercio de la longitud de su cuerpo! Su boca es de 30 pies de largo y 20 pies de ancho.

anguila engullidora

anfípodo mesopelágico

# Anfípodo

Esta pequeña criatura se puede encontrar en muchos lugares de la Tierra. Muchos anfípodos viven en el océano. Este pequeño crustáceo vive a una profundidad de 30,000 pies bajo el agua. Con mayor frecuencia actúa como carroñero, alimentándose de pedazos muertos de otras criaturas. También se alimenta de seres vivos pequeños. Es una fuente de alimento para muchas criaturas marinas. Las ballenas y algunos peces son sus depredadores. Algunos anfípodos se esconden en las conchas de caracol vacías.

## Tormenta de nieve bajo el mar

La **nieve marina** está hecha de organismos muertos y plancton que se hunden lentamente hacia el fondo del océano. Algunos anfípodos sobreviven consumiendo esta "nieve". La nieve marina es una forma en la que la energía viaja desde la superficie del océano hasta el fondo oceánico.

## ¡Arranca la bomba!

La nieve marina transporta el dióxido de carbono de la superficie del océano a zonas más profundas. El dióxido de carbono es utilizado por organismos que se alimentan de la nieve marina que cae. Este es un ejemplo de **bomba biológica**.

Los anfípodos son tan pequeños y abundantes que a menudo hay más de 1,000 en un pie cuadrado.

# ¿Hasta dónde puedes bajar?

Estos animales pueden sumergirse a profundidades mayores que cualquier humano. Buscan la profundidad perfecta: cerca del alimento y de lugares donde esconderse. Pero con la intensa presión del agua que les llega desde todas las direcciones, cada uno tiene su límite.

La mayor profundidad a la que un ser humano ha buceado fuera de un sumergible es de 1,044 pies.

# Buceo profundo

¿Quién ganará el premio al nadador de mayor profundidad? Echa un vistazo para averiguarlo!

**tiburón de boca ancha**
**600 pies**

**calamar joya**
**1,500 pies**

**tiburón duende rosado**
**4,265 pies**

**tiburón anguila**
**4,757 pies**

**calamar colosal**
**6,560 pies**

**anguila engullidora**
**24,000 pies**

**anfípodo**
**30,000 pies**

# La vida en el abismo

Durante siglos tuvimos que imaginarnos las criaturas que viven en las partes más profundas del océano. Los seres humanos no teníamos forma de saber lo que se escondía bajo la superficie, por lo que imaginábamos desde arriba lo que habría. Hoy, los científicos ya no tienen que hacerse especulaciones. La tecnología moderna está revelando el hábitat más grande de la Tierra. El progreso es lento, pero a medida que mejore nuestra tecnología, también lo hará nuestra comprensión del profundo mar azul. Seguramente hay más demonios de las profundidades para conocer.

langosta ciega

pulpón

# Glosario

**adaptaciones:** cambios en la estructura o las funciones de los organismos que los ayudan a sobrevivir

**ahorrar:** usar con cuidado, evitando el derroche

**bioluminiscente:** capaz de producir luz

**bomba biológica:** proceso por el que el dióxido de carbono va de la superficie del océano a las zonas más profundas

**camuflaje:** hecho de esconder o disimular algo tapándolo o cambiando su aspecto

**carroñero:** animal que se alimenta de materia muerta o en descomposición

**cefalópodos:** criaturas como el calamar y el pulpo, con tentáculos musculosos con ventosas, ojos muy desarrollados y, con frecuencia, tinta para defenderse

**corriente:** movimiento continuo de agua o aire en la misma dirección

**crustáceo:** tipo de artrópodo como el cangrejo o la langosta, a menudo acuático

**depredador al acecho:** animal carnívoro que captura sus presas por sorpresa

**depredadores:** animales que sobreviven matando y alimentándose de otros

**extinción:** desaparición total de un organismo de la Tierra

**filtradores:** animales que se alimentan de organismos diminutos mediante la filtración del agua

**fotóforos:** órganos productores de luz de algunos peces

**fotosíntesis:** proceso en el que se fabrica energía a partir de la luz solar

**hábitat:** lugar donde vive normalmente una planta o un animal

**ignotas:** no exploradas o no registradas en un mapa

**invertebrados:** criaturas sin columna vertebral

**letales:** que causan o son capaces de causar la muerte

**metabolismos:** procesos químicos del cuerpo que transforman el alimento en energía y dan lugar al crecimiento

**nieve marina:** materia que se hunde lentamente hasta el fondo del océano, formada por organismos muertos y plancton

**ojos compuestos:** ojos formados por muchas partes visuales separadas; se observan en los artrópodos

**organismos:** personas, plantas o animales vivos

**peines branquiales:** especie de dedos que filtran los sólidos de las branquias

**placas tectónicas:** enormes porciones de tierra que forman la superficie de nuestro planeta

**plancton:** organismos animales y vegetales diminutos que viven en el agua

**polar:** perteneciente o relativo al Polo Norte o al Polo Sur o a sus alrededores

**presa:** animal que es consumido por otros para ganar energía

**se fusiona:** se une

**tentáculos:** brazos largos y flexibles de un animal, que le sirven para tomar cosas y moverse

**translúcida:** a través de la cual se puede ver

**voraz:** que tiene mucho apetito

**zona abisal:** entre 13,000 y 19,000 pies bajo la superficie del océano, donde no hay luz

**zona batipelágica:** capa del océano a la que no llega la luz del sol, que se encuentra entre los 3,300 y los 13,000 pies de profundidad

**zona crepuscular:** parte del mar a partir de 660 pies bajo la superficie, donde hay poca luz

**zona hadal:** parte más profunda del océano, de 19,000 a 35,000 pies

# Índice

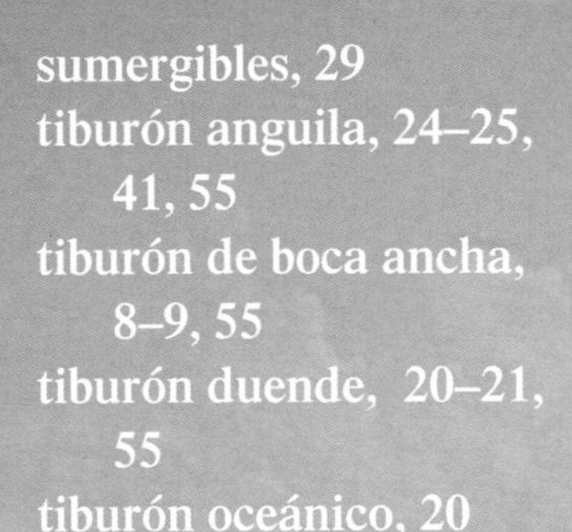

# Bibliografía

**Hoyt, Erich.** ***Creatures of the Deep: In Search of the Sea's "Monsters" and the World They Live In.*** **Firefly Books Ltd., 2001.**

Bucea por las capas del océano. Explorarás las llanuras abisales, cordilleras centro-oceánicas y las trincheras abisales. También conocerás a los "monstruos" que viven en los rincones más oscuros del mar.

**Mallory, Kenneth.** ***Diving to a Deep-Sea Volcano.*** **Houghton Mifflin Company, 2006.**

Descubre los misterios de los volcanes submarinos y respiraderos hidrotérmicos. Este libro sigue los descubrimientos del biólogo marino Lutz Rich mientras exploraba las profundidades del mar en un submarino de investigación.

**Oleksy, Walter G.** ***Mapping the Seas.*** **Franklin Watts, 2002.**

Aprende sobre la historia de la cartografía oceánica, cómo la cartografía moderna de las profundidades del océano ayuda a los científicos a explorar las profundidades del mar y cómo será el futuro de la cartografía del mar.

**Rice, William B.** ***Survival! Ocean!*** **Teacher Created Materials, 2012.**

Con consejos sobre cómo encontrar agua potable, pescar algo para comer y pedir ayuda, este libro te dará ventaja sobre las criaturas de las profundidades. Averigua cómo sobrevivir si estás perdido en el mar.

**Sitarski, Anita.** ***Cold Light: Creatures, Discoveries, and Inventions That Glow.*** **Boyds Mills Press, Inc., 2007.**

Conoce al primer inventor en hacer resplandecer un objeto en la oscuridad y a los primeros exploradores que vieron criaturas monstruosas que brillaban en el fondo del mar. También aprenderás acerca de los animales bioluminiscentes, así como las tecnologías actuales y futuras para hacer que los animales y las cosas brillen.

# Más para explorar

**A Deep-Sea Bestiary**

*http://www.pbs.org/wgbh/nova/nature/deep-sea-bestiary.html*

Conoce a los extraños animales de las profundidades. Fascinantes fotografías, dibujos e información traen a estas espantosas criaturas de fondos marinos —incluyendo al calamar vampiro, la anguila engullidora y el rape de profundidad— ¡a la vida!

**Bioluminescence**

*http://news.nationalgeographic.com/news/2010/05/100506-bioluminescence-sea-life-embed-video*

Ve un video sobre criaturas bioluminiscentes de aguas profundas que brillan y aprende por qué los científicos piensan que estos animales emiten luz.

**Crittercam Chronicles**

*http://www.nationalgeographic.com/crittercam/deepsea*

Sumérjete en un mundo virtual interactivo de alta mar. Para obtener más información acerca de las criaturas de las profundidades utiliza el ratón para hacer clic en los animales que nadan cerca de ti.

**Deep Ocean: Cool Stuff**

*http://ocean.si.edu/ocean-science/deep-ocean-exploration*

Descubre vídeos interesantes, fotografías y artículos sobre el fondo del mar. Conoce a las criaturas detrás de huellas misteriosas en el fondo del mar, vea arte realizado con barro marino y aprende sobre las montañas submarinas.

**The Deep Sea Layers**

*http://oceanlink.info/biodiversity/deepsea/deepsea.html*

Explora los misterios de las capas más profundas del océano. Descubre los sorprendentes animales de las zonas mesopelágica, batipelágica y abisopelágica.

# Acerca del autor

Timothy J. Bradley creció cerca de Boston, Massachusetts y pasó todo su tiempo libre dibujando naves espaciales, robots y dinosaurios. Era tan divertido hacerlo que comenzó a escribir e ilustrar libros sobre historia natural y ciencia ficción. Tim también trabajó como diseñador de juguetes en Hasbro, Inc., y diseñó dinosaurios de tamaño natural para exhibiciones de museos. Cuando era niño, Tim soñaba con viajar al fondo del océano para nadar con los demonios del mar que vivían allí. En cambio, creció y escribió este libro. Tim vive en el soleado sur de California con su esposa e hijo.